LIBERTÉ, ÉGALITÉ, FRATERNITÉ.

A LA CONVENTION NATIONALE.

PÉTITION

De Citoyens Propriétaires & autres Habitans de la Commune de Quimper, Département du Finistère, sur la Loi des 23 & 27 Août 1792, qui abolit la Tenure convenancière, ou à Domaine congéable, dans les Départemens du Morbihan, du Finistère & des Côtes du Nord.

CITOYENS REPRÉSENTANS,

UN des grands avantages de la Liberté, & peut-être le plus essentiel, est sans contredit que chaque individu a le droit d'éclairer le Gouvernement & de l'avertir de ses erreurs, d'autant plus inévitables dans un vaste état, qu'il y a plus de gens intéressés à le tromper.

Sur ce principe, une foule de malheureux propriétaires se proposoient de réclamer contre une Loi surprise à l'Assemblée législative, qui ruine au moins vingt mille pères de famille, sans aucun avantage pour la République, & qui

A

au contraire lui fait perdre plus de cent millions ; c'eſt la Loi des 23 & 27 Août 1792 , qui abolit la Tenure convenancière ou à Domaine congéable dans les Départemens du Morbihan , du Finiſtère & des Côtes du Nord , Loi qui eſt une contravention formelle aux articles 4 , 16 & 19 , de la déclaration des droits de l'homme & du citoyen.

Les grands intérêts qui ont occupé les premiers tems de la Convention nationale , ont retardé ces réclamations ; la terreur enſuite qui cauſoit une eſpèce de ſtupeur , les a empêchées , & l'on attendoit un tems où la Liberté ne ſeroit pas un vain nom , une chimère.

A préſent que nos armées triomphent par-tout, que votre ſageſſe & votre énergie nous ont délivrés des tyrans , & qu'on peut avec ſécurité réclamer la juſtice , nous croirons avoir bien mérité de la République , ſi nous ſommes les premiers à vous mettre en état de réparer une injuſtice auſſi criante, en rapportant cette Loi déſaſtreuſe des 23 & 27 Août 1792.

Pour y parvenir , nous allons expliquer exactement ce que c'eſt que le Domaine congéable, & qu'elle a été ſon origine ; cette explication eſt néceſſaire , parce que n'étant en uſage que dans une partie de la ci-devant Bretagne , très-peu de Députés le connoiſſent.

Nous ferons voir enſuite que cette Tenure n'eſt qu'une eſpèce particulière de ferme, dont l'origine eſt fondée ſur les conventions les plus libres & les plus légitimes ; qu'on en a impoſé à l'Aſſemblée Légiſlative, quand on lui a dit qu'elle participoit de la nature des fiefs ; qu'elle eſt très - avantageuſe aux Domaniers , & beaucoup plus favorable à l'agriculture que les ſimples fermes ; que ſa ſuppreſſion fait perdre plus de cent millions à la République, & nuira néceſſairement au commerce & à la circulation des grains; que les habitans de nos campagnes la regretteront; enfin que cette loi eſt une violation de propriété, que l'autorité peut bien ſe permettre, mais dont aucune puiſſance n'a le droit.

Mais auparavant, nous croyons devoir propoſer à la ſageſſe de la Convention Nationale, d'examiner ſi à l'époque des 23 & 27 Août 1792, l'Aſſemblée Légiſlative avoit bien le droit de porter une pareille loi.

Elle avoit appelé une Convention, elle avoit déclaré qu'elle ceſſoit toutes fonctions Légiſlatives, & ne s'occuperoit plus que de décrêts de circonſtances & de police générale, que de ce qui pourroit intéreſſer le ſalut de la Patrie; cependant dans un moment où le plus grand nombre des Députés n'aſſiſtoit plus aux ſéances, & où la très-majeure partie de ceux qui reſtoient, n'avoit aucune connoiſſance de la nature du domaine congéable, on lui fait rendre d'urgence, ſans nulle diſcuſſion, un décret de cette importance! D'urgence! Dans une matière qui n'intéreſſoit qu'un très-petit point de la République; & ſans aucun examen, ſans aucune diſcuſ-ſion, on ruine ainſi plus de 20 mille pères de familles! Elle auroit donc pu décréter auſſi légèrement la loi agraire!

Cette circonſtance ſuffira ſeule, ſans doute, pour détermi-ner la Convention Nationale à examiner ce décret dont elle reconnoîtra certainement, & réparera l'injuſtice.

Le domaine congéable eſt un contract ſinallagmatique, par lequel le propriétaire d'un terrain, ſoit en friche, ſoit déjà cultivé, l'afferme pour 9 ans pour un prix annuel convenu, ſoit en argent, ſoit en grains & denrées, & aux condi-tions ſuivantes.

Si c'eſt un terrain en friche, le preneur ſe charge de le défricher & mettre en valeur , de faire tels logemens & édifices que bon lui ſemble ou qu'il eſt ſtipulé par le contraĉt , avec faculté d'y faire des clotures, qui dans la ci-devant Bretagne ſe nomment foſſés , & ſont des élévations de terre à la hautenr de 5 à 6 pieds , ſur 3 , 4 à 5 pieds de largeur , ordinairement bien garnis de bois courans qui ſe coupent tous les 9 ans, [1] & ſur leſquels on plante, ou on laiſſe croître quelques arbres de futaie. de diſtance en diſtance ; le preneur a la diſpoſition des émondes de ces arbres , & de ceux qui ſont en dedans des clotures , ſans pouvoir néanmoins les couper par pied ; il a auſſi la faculté de faire des jardins , des vergers , & d'y planter toutes eſpèces de fruitiers , & toutes ces améliorations lui appartiennent juſqu'à ce qu'il n'en ait été rembourſé.

Le propriétaire qui, comme l'on voit, n'a fait qu'affermer le fonds, & qui ſe réſerve les bois de futaies, que par cette raiſon l'on appelle bois fonciers, s'oblige à ne pouvoir congédier le preneur, même après l'expiration des 9 ans , ſans lui rembourſer, ſoit à l'amiable , ſoit à dire d'experts , toutes les améliorations qu'il y aura faites.

Si c'eſt un terrain déjà cultivé, le propriétaire qui retient toujours la propriété des bois, afferme le fonds, comme ci-

---

(1) Ces foſſés ſont inconnus ailleurs que dans la ci-devant Bretagne , où ils ſont néceſſaires pour garantir les moiſſons des vents de mer , qui y ſont très-fréquents & très-nuiſibles ; l'immenſe quantité des bois courants que ces foſſés produiſent , ſert au chauffage tant des campagnes que des villes, & fait une grande épargne des bois de haute-futaye , ſi néceſſaires à la conſtruĉtion dans des Départemens qui ont tant de portsde-mer.

deſſus pour neuf ans , pour un prix annuel convenu , ſoit en argent , ſoit en grains & denrées , & lui vend en outre les logemens & autres édifices , les foſſés , les bois courans & les émondes des arbres qui ſe trouvent ou qui croiſſent ſur les foſſés & en dedans d'iceux ; les fruitiers qui ſont dans les jardins & vergers , & ceux qu'il y voudra planter , & ſe réſerve néanmoins la faculté de le congédier à l'expiration du bail qui eſt toujours de 9 ans , en lui rembourſant , ſoit à l'amiable , ſoit à dire d'experts , la valeur actuelle de tout ce qui lui appartient. Les choſes ſujettes au rembourſement ſont les maiſons , écuries , étables , crêches , granges , aires , murs de clôtures , pailles , fumiers , engrais , foſſés , bois courants , émondes , fruitiers , genêts & landes , & s'appellent édifices & ſuperfices , ou droits réparatoires ; le preneur eſt appelé colon , ou domanier , ou convenancier , & l'on nomme Tenue ou Convenant , un héritage ainſi poſſédé à Domaine congéable.

Il y a quelques héritages ainſi tenus , où il n'y a pas d'habitations ; on les nomme Tenues ſans étages , ou par dehors , & Tenues étagères ou logées , celles qui ont des habitations ; ce ſont les plus ordinaires , les tenues ſans étages ſont en petit nombre.

On ſent bien que le prix de la ferme n'eſt point en proportion de l'étendue du fonds , & qu'il eſt toujours très-modique , tant à cauſe des avances du preneur , que des commiſſions que le propriétaire eſpère à chaque renouvellement de bail , dont nous parlerons bien-tôt ; il n'eſt pas rare de voir des tenues qui ne payent pas 30 livres de ferme , qui ont 40 , 50 arpens & au delà.

Si le domanier ne veut pas ſe laiſſer congédier lorſque ſon

bail eft près d'expirer, il s'arrange avec le propriétaire qui, moyennant une fomme convenue qu'on nomme commiffion, lui donne une nouvelle affurance pour 9 ans, ce qu'on nomme baillée ; & l'on voit des tenues ainfi poffédées de père en fils depuis des fiècles, par des renouvellemens de baillées ; il en eft auffi qui fans renouvellement, font également poffédées de père en fils, de temps immémorial, ce qui arrive quand le prix de la ferme n'offre pas un avantage à faire envier la tenue par un autre colon.

Mais fi le domanier ne s'arrange pas avec le propriétaire, celui-ci eft le maître de le congédier, foit par lui-même, foit par un tiers à qui il accorde la baillée.

On voit par cette explication que cette tenure eft une efpèce particulière de ferme, & en a tous les caractères ; nulle tradition du fonds, réferve des bois de futaye, terme de 9 ans, tacite réconduction, faculté au propriétaire d'augmenter le prix de la ferme ou de la commiffion à chaque renouvellement de de bail ; la feule différence eft que dans les fimples fermes, le fermier n'acquiert rien, au lieu qu'en domaines congéables, le colon acquiert les droits réparatoires, à réméré ou rachat perpétuel ; mais auffi le fermier n'a-t-il rien à prétendre pour toutes les améliorations qu'il a pu faire pendant le cours de fon bail, au lieu que le domanier eft rembourfé de toutes les fiennes, fi on veut le congédier.

La plus grande partie des moulins dans la ci-devant Bretagne eft affermée à des conditions pareilles, ce qu'on nomme à grand renable ; le meunier paye en entrant tous les uftenfiles du moulin généralement, & eft chargé de toutes les réparations, & à l'expiration de fon bail, le propriétaire ou le fermier qui lui fuccède, les lui rembourfe à dire d'experts ; on n'a jamais reclamé contre ces sortes de fermes qui ont toujours été trouvées très-légitimes.

« Le droit de propriété est celui qui appartient à tout
» Citoyen de jouir & disposer à son gré de ses biens, de
» ses revenus, des fruits de son travail & de son industrie. »
*Article 16 de la déclaration des droits de l'Homme & du
Citoyen.*

Il faudroit rayer cet article de la déclaration des droits de l'homme, si la tenure convenancière, telle que nous venons de l'expliquer, n'est pas légitime & si elle renferme quelque vice ; en effet, le propriétaire y dispose à son gré de son bien, & le preneur y dispose à son gré du fruit de son travail & de son industrie, & l'on verra bien tôt que c'est à l'avantage de l'un & de l'autre, mais plus à l'avantage du preneur.

Cette tenure est de ces pratiques immémoriales, dont l'origine se perd dans les siècles les plus reculés de la Nation Bretonne.

L'opinion la plus commune & la plus vraisemblable est que les premiers Bretons qui abandonnèrent leur isle pour venir s'établir en Basse-Bretagne, dans le quatrième siècle, y obtinrent ou s'emparèrent à titre de premiers occupants, de terrains qui n'étoient que forêts, & travaillèrent à leur défrichement ; que dans le siècle suivant, d'autres Bretons émigrans les étant venus joindre, en furent accueillis en parens & amis, mais comme il n'y avoit plus de terrains vacans, les premiers leur en donnèrent aux conditions susdites.

« Ces refugiés étoient libres & puissants, & ne furent
» point rangés dans la classe des cultivateurs indigènes qui
» étoient serfs ; ils se lièrent simplement par des conventions
» franches, suivant lesquelles ils entreprirent la culture des

» terres en friche , fans en acquérir la propriété , mais à la
» condition expreffe de jouir , jufqu'au rembourfement , de leurs
» améliorations ; delà cette attention confervée jufqu'à nos
» jours , dans le protocole des Notaires inférieurs , obfervée
» dans le mémoire préfenté aux commiffaires à la réformation
» de la coutume de Bretagne en 1580 , par les fièges de
» Carhaix , d'intituler les Convenanciers , dans les titres ref-
» pectifs aux feigneurs , de colons à titre de Convenant
» *franch*. Daus ces fiècles barbares la fervitude du plus grand
» nombre des laboureurs exigeoit une expreffion diftinctive
» pour les tenanciers libres. « *Baudouin en fes inflitutions*
convenancières , tom. 1. pag. 8.

Ce paffage de Baudouin , éloigne certainement toute idée
de fervitude. Cette tenure s'établit ainfi , & fut trouvée fi
avantageufe pour les deux contractans , qu'elle s'étendit dans
la fuite aux terrains déjà en culture , & de ce qui n'étoit
qu'un fimple ufage , fe formèrent infenfiblement les ufemens
locaux , comme fe font formées toutes les coutumes qui ré-
giffoient les différentes Provinces de France. Ces ufemens
n'ont cependant été rédigés par écrit , que poftérieurement à
la dernière réformation de la coutume de Bretagne , en 1580.

Ces contracts ont toujours été fufceptibles , comme
les fimples fermes , de toutes les conditions & ftipulations qui
convenoinet aux contractans ; delà quelques différences dans les
différens ufemens ; mais tous s'accordent en ce que les domaniers n'ont jamais eû aucun droit aux fonds , ni aux bois ,
pour lefquels ils n'ont jamais rien débourfé , & que les propriétaires ont toujours eû la faculté de les congédier à l'expiration de leurs baux , foit par eux-mêmes , foit par leurs

fubrogés ,

fubrogés, en les rembourfant comme dit eft de la valeur de leurs édifices & fuperfices.

Une des ftipulations les plus ordinaires dans ces contracts, étoit l'obligation du preneur de faire un certain nombre de journées de charrois, de chevaux fans attelage & par mains, que l'on a appelé corvées, de forte que les ufemens en ont fait une des charges du domaine congéable ; mais on n'en doit pas conclure que ces corvées annoncent aucune efpèce de fervitude ; elles font appréciées & font partie du prix de la ferme du fonds, comme dans les fermes ordinaires qui, pour la plus part, contiennent des obligations pareilles.

D'après cette explication du domaine congéable & de fon origine, fur laquelle nous ne craignons pas d'être contredits, il eft évident qu'on en a impofé à l'Affemblée Légiflative, quand on lui a dit que cette tenure participoit de la nature des fiefs. On ne peut participer de ce qui n'exifte pas ; le domaine congéable a pris naiffance, comme on vient de le voir, dans le quatrième ou cinquième fiècle, & tout le monde fait que la féodalité ne s'eft introduite que dans le neuvième.

Tout propriétaire de terrain, foit en friche foit en culture, & depuis l'établiffement des fiefs, foit noble foit roturier, fans qu'il fut befoin d'avoir fief, ni aucun principe de fief, a pu depuis 13 ou 1400 ans l'affermer ainfi à titre de domaine congéable, comme il l'auroit pu faire à titre de fimple ferme, & cette faculté n'a pu lui être otée fans une contravention formelle aux droits de l'Hómme & du Citoyen.

Si après l'invention funefte de la féodalité, les feigneurs ont fait des conceffions de cette efpèce, ce n'étoit point comme feigneurs de fiefs, ni par un privilège particulier de leurs

B

feigneuries , mais feulement comme tous autres propriétaires ;
il eft même vrai-femblable que la plupart des domaines
congéables dépendant des fiefs y ont été joints par des acqui-
fitions particulières , & n'en font que des annexes ; cette vrai-
femblance paroîtra même une vérité , fi l'on confidère qu'il
étoit beaucoup plus avantageux aux feigneurs de donner les
terres de leurs feigneuries à féage , qu'à domaine congéable ,
parce qu'en afféageant , ils fe ménagoient des droits cafuels
affez fréquents , les rachats & lods & ventes , droits auxquels
il eût fallu renoncer en donnant à domaine congéable , puifque
cette efpèce de tenure n'y étoit point fujette.

La qualité de *feigneurs* fonciers , donnée par tous les ufemens aux propriétaires de domaines congéables , a facilité
peut-être de tromper l'affemblée légiflative ; mais il eft évident
que le mot *feigneur* n'eft là qu'une traduction du mot
dominus , *dominus fundi* , maître , maître du fonds , propriétaire du fonds ; cette dénomination de *feigneur* ne donnoit ni
ne fuppofoit même aucun privilége , ni prérogative , &
n'étoit fondée que fur l'ufage des gens de la campagne
d'appeler ainfi indiftinctement tous ceux à qui ils payoient
quelque redevance , même pour la plus chétive ferme.

Cette erreur en laquelle on a induit l'affemblée légiflative ,
en a cependant fait commettre une autre à la Convention
nationale , qui porte un grand préjudice aux finances de la
république ; c'eft le décret du 29 floréal qui fupprime fans
indemnité les rentes de domaines congéables dépendants des
fiefs ; cette fuppreffion réduit à bien peu de chofe les
biens nationaux acquis à la république par les émigrations
& condamnations dans les départemens de domaines congéables , & par l'extinction du clergé. Il eft certain que les

dix-neuf vingtièmes des propriétés rurales font à ce titre , &
plus des trois quarts des revenus des fiefs étoient en domaines
congéables , il eft aifé de calculer ce qu'y perd la république.

Il eft vrai que la plupart des *seigneurs* de fiefs , abufant
de leur pouvoir , avoient affujetti leurs domaines congéables
à des droits onéreux de féodalité ; mais c'étoit contre la nature de
cette tenure , & le décret du 4 août 1789 , qui avoit fupprimé ces
abus , avoit remis ces Domaines à leur véritable place , celle de
tous les autres propriétaires fans fiefs ni principés de fiefs.

L'abus des chofes les plus honnêtes & les plus licites n'eft
certainement pas un motif de les profcrire ; car de quoi n'abufe-
t-on pas ? Même de la liberté , & nous jurons tous de la défendre jufqu'à la mort !

Si la tenure à Domaine congéable eft légitime par fa nature ,
comme on n'en peut plus douter , elle eft auffi très-avantageufe
aux domaniers ; la prédilection des habitans de la campagne
pour cette efpèce de bien , en eft une preuve convaincante ,
car ils connoiffent leur interrêt mieux que perfonne , & ils
l'ont toujours préférée aux fimples fermes ; l'aifance dont
jouiffent affez généralement les Domaniers ajoute à cette
preuve. On diftingue dans nos campagnes trois fortes d'habitans , les Domaniers , les fermiers & les journaliers ; on
pourroit les comparer , favoir ; les Domaniers à ce qu'on
appeloit fous l'ancien régime bourgeois aifés dans les villes ;
les fermiers aux artifans & les journaliers à ceux qui , dans
les villes n'ayant point de profeffion , n'avoient que leurs
bras pour gagner leur vie. Les Domaniers font donc la claffe
la plus aifée des campagnes , & ils préféroient les Domaines
congéables même aux biens fonds ; cela ne doit pas furprendre ; l'argent qu'ils plaçoient en droits réparatoires , leur pro-

B ij

duisoit toujours 7 à 8 pour cent d'intérêt , même en les affermant, & 10 à 12 pour cent lorsqu'ils les tenoient eux-mêmes par mains , c'est ce qu'il nous a été facile de vérifier par les Rôles de l'impôt foncier.

Au lieu que leur argent placé en biens fonds leur procuroit à peine 2 demie à 3 pour cent. Cette prédilection pour les Domaines congéables faisoit aussi qu'on trouvoit difficilement des fermiers pour de grandes métairies , parce que pour les faire valoir avantageusement, il faut pour 10 à 12 mille francs de bestiaux , chevaux & ustensiles, & qu'un cultivateur qui avoit seulement 4 à 5 mille francs , s'empressoit d'acquérir des droits réparatoires ; il se regardoit dès lors comme un véritable propriétaire , & en effet , les droits réparatoires, quoi que meubles respectivement au propriétaire foncier , comme gage du prix de sa ferme , étoient immeubles respectivement au Domanier , & en avoient tous les caractères ; leurs femmes y prenoient douaire ; lorsqu'ils les vendoient volontairement , l'acquéreur s'en approprioit comme de biens immeubles , & ils les hypothéquoient valablement. Quelques-uns avoient cependant des biens en fonds , mais ils étoient en très-petit nombre.

Le propriétaire y trouvoit aussi un grand avantage , surtout quand sa résidence étoit éloignée de ses biens ; il étoit exempt de réparations ; les droits réparatoires étant le gage du prix de sa ferme , il ne craignoit pas qu'on lui mît la clef sous la porte, ce qui arrive souvent dans les fermes ordinaires ; il étoit assuré que sa terre seroit bien cultivée , au lieu que les terres dans les simples fermes sont souvent négligées & presque toujours dégradées , quand le propriétaire n'est pas à portée d'y veiller.

Cette Tenure eſt donc avantageuſe & aux Domaniers &
aux propriétaires, mais elle eſt auſſi bien plus favorable à
l'agriculture que les ſimples fermes ; il ne faut pour s'en
convaincre, que parcourir les campagnes de Domaines congéables, on y diſtingue aiſément celles qui ſont à ce titre
des ſimples fermes ; les prèmières ſont incomparablement
mieux cultivées & mieux entretenues, tant pour les logemens, que pour les foſſés qui ſont bien mieux garnis
de bois courants, les vergers mieux plantés &c. Ce qui
n'eſt pas étonnant, tout cela s'eſtime en congément, & il
eſt de l'intérêt du Domanier d'améliorer continuellement.
C'eſt bien le cas de dire : tant vaut l'homme, tant vaut la
terre. La poſſibilité d'être congédié eſt un aiguillon qui le
force à améliorer ; d'ailleurs il ſait auſſi qu'il aura toujours
la préférence pour une nouvelle baillée, s'il eſt honnête &
laborieux, qu'ainſi il travaille pour lui-même ; car il n'eſt
pas de propriétaire qui ne conſerve un fermier qui ſe com-
porte bien.

Nous avons dit que la ſuppreſſion du Domaine congéable
feſoit perdre plus de cent millions à la République ; en effet
ces ſortés de biens ſe vendoient au denier 30, 35, & ſſou-
vent 40 ; les voilà hors de vente, car qui voudra acheter
des rentes qui ne ſont plus que des rentes conſtituées ? Les
Domaniers pourront rembourſer à la Nation les rentes de
Domaines nationaux, mais c'eſt une faculté qu'ils ont, ils
n'y ſont pas tenus ; d'ailleurs les Commiſſions n'y ſont pas
compriſes dans ces rembourſemens, & c'eſt une partie con-
ſidérable des revenus en Domaines congéables. Il n'eſt là
queſtion que des Domaines indépendans des fiefs, car quant
à ceux qui en dépendent, nous ſommes perſuadés qu'ils

font un objet de près de deux millions de rente.

Nous avons dit aussi que cette suppression nuiroit nécessairement au commerce & à la circulation des grains. En effet le commerce de grains est presque le seul dans les cantons de Domaines congéables, le bled est à peu près la seule denrée qu'on y ait à donner en échange du numéraire. Il est certain que de tous les temps les sept huitièmes des bleds qui s'en exportoient étoient ceux des rentiers & des décimateurs ; il s'en exporte peu des cantons de la ci-devant Bretagne qui n'ont point de Domaines congéables. Or voici ce qui arrivera lorsque les Domaniers auront remboursé leurs propriétaires fonciers ; ils n'auront plus de rentes en grains à payer ; on sait que les cultivateurs sont généralement paresseux , ils ne sèment guères dans l'état actuel que ce qui est nécessaire pour leur consommation , & pour payer leurs propriétaires ; mais quand ils n'auront plus de rentes en bleds à payer , ils n'en sèmeront que pour leur subsistance ; ils y seront même forcés , & ils y trouveront un grand avantage.

Il y seront forcés , car ils n'ont pas de greniers pour serrer leur bled & le conserver jusqu'au temps propre à la vente. Qu'on ne dise pas qu'ils en construiront ; que l'on calcule la dépense de plus de cent mille greniers.

Ils y trouveront un grand avantage , parce qu'il leur faudra moins de bras ; ils préféreront de laisser leurs terres en paturages & de nourrir des bestiaux, cela est moins pénible & moins couteux , & leur fera autant de profit ; & que deviendront alors les pauvres journaliers & valets de campagnes que la culture des terres nourrit ? Et dans les mauvaises années , la disette ne sera-t-elle pas à craindre ?

Nous avons dit encore que les habitans de nos campagnes

regretteront les Domaices congéables ; leur ufage dans les fucceffions eft que l'ainé garde la tenue , & donne à fes frères & fœurs leur part en argent ; ceux-ci , de cet argent & par des mariages , font bien-tôt en état de fe procurer d'autres tenues , & font toujours ainfi dans l'aifance , au moins quand ils font laborieux & rangés. Mais quand le fonds de leur tenue leur appartiendra , ils tomberont dans la mifère par les divifions & fubdivifions qui iront à l'infini ; nous en avons un exemple dans une paroiffe la plus fertile de ce Département (Crozon) où les congémens fe fefoient rarement , & où ils ont toujours ainfi divifés leurs tenues , de forté qu'aujourd'hui elles le font tellement , qu'ils font quelquefois plus de cent fur une même tenue, qui n'ont qu'un ou deux fillons, ce qui les rend fort miférables ; leur reffource eft la pêche. Ces divifions multipliées font encore une fource de procès. Tel fera cependant le fort de nos cultivateurs qui regretteront alors la tenure convenancière , & en demanderont le rétabliffement.

Tout concourt donc à démontrer qu'indépendament de la juftice il falloit conferver une nature de bien qni leur facilitoit le moyen de faire valoir leur argent à un taux avantageux , & entretenoit la circulation parmi eux.

Mais , a-t-on dit , c'étoit le vœu général des campagnes , & la plupart des cahiers préfentés anx États Généraux demandoient cette fuppreffion ; c'eft comme fi l'on difoit que cette multitude d'adreffes de Municipalités & de Sociétés Populaires , qui ont ofé demander la continuation ou le rétabliffement du fyftême fanguinaire du traître & cruel Roberfpierre , formoit le vœu général de la République.

Non, ce n'étoit pas le vœu général, mais celui de quelques intrigans. Aujourd'hui même , quoi qu'ils femblent profiter pour le moment préfent , tous les domaniers conviennent de l'injuftice de ce décret de fuppreffion. Nous aurons bien-tôt occafion de faire connoître une partie des manœuvres qui on été employées pour l'obtenir.

Mais quand il feroit auffi vrai qu'il eft faux, que c'eut été le vœu général, ce décret de fuppreffion , nous ofons le dire, n'en feroit pas plus jufte. L'Affemblée conftituante avoit déjà ftatué fur ce prétendu vœu général, & elle ne l'avoit pas fait d'urgence ! Elle avoit examiné fcrupuleufement ces demandes, elle avoit confulté les Départemens de Domaines congéablés, & ce n'eft qu'après une ample difcuffion , & avec la plus grande connoiffance de caufe, qu'elle avoit rendu le décret des 30 Mai , 1 , 6 , & 7 Juin 1791. Elle avoit donc reconnu l'injuftice des prétentions des Domaniers , dont aucune cependant n'étoit fi exorbitante que le décret des 23 & 27 Août 1792. Comment donc l'Affemblée Légiflative a-t-elle pu , fans examen, fans aucune connoiffance de caufe , annéantir une Loi rendue avec tant de précautions ?

Mais , a-t-on encore dit , il étoit bien dur pour un pauvre colon de fe voir congédier du lieu qui l'a vu naître , d'un bien que fes pères & lui ont amélioré ! Cela peut être vrai , mais eft-il en cela de pire condition que tous les fermiers du monde ? Ce colon n'ignoroit pas qu'il n'étoit que propriétaire précaire de fes droits réparatoires , & qu'on avoit la même faculté de le congédier que tout autre fermier ; lorfque lui ou fes pères font entrés dans ce Domaine , ils favoient à quelle condition, *volenti non fit injuria*; fi on le congédie , ce n'eft pas fans une jufte & préalable indemnité; on lui rembourfe la valeur de fes édifices & fuperfices , &

de

de cet argent il acquiert une autre tenue qui lui procure le même intérêt de ses fonds.

Que l'on compare cette position avec celle du malheureux propriétaire que la Loi du 27 Août 1792 dépouille sans indemnité s'il a un fief, & dont l'indemnité, s'il n'a pas de fief, n'est pas du quart, pas même du vingtième peut-être, comme on le verra bien-tôt. Ce propriétaire tenoit cependant de ses pères, ou avoit acquis à grands frais sur la foi publique, peut-être sur la foi du décret du mois de Juin 1791 ! Et très-certainement sa propriété étoit très-légitime.

Mais, ajoute-t-on, & c'est ici l'objection la plus spécieuse, les ci-devant seigneurs de fiefs seroient tout aussi fondés à se plaindre de la suppression de leurs fiefs, de la suppression de tous leurs droits féodaux sans indemnité. La différence est grande ; la féodalité a un vice d'origine qu'aucune prescription n'a pu couvrir ; les droits féodaux n'étoient point fondés sur la liberté des conventions. On sait que les premiers seigneurs de fiefs n'étoient que des usurpateurs de terres qu'ils n'avoient eues qu'à vie, que l'on nommoit bénéfices ou bienfaits ; qu'ils devinrent dans ces terres de petits souverains, de petits despotes, des tirans, qui imposoient à ce qu'ils appeloient leurs vassaux telles charges que dictoit leur avarice. Telle est l'origine des droits féodaux, incompatibles avec la liberté, & que l'on a justement proscrits.

Mais il n'en est pas de même de la Tenure convenancière, fondée sur la liberté des conventions, dont l'origine, nous ne saurions trop le répéter, est antérieure de plusieurs siècles à l'établissement de la féodalité, & exclusive de toute contrainte, de toute servitude.

Tout ce que nous avons dit suffiroit, sans doute, pour prou-

C

ver la nécessité de rapporter ce décret des 23 & 27 Août 1791, & de maintenir celui des 30 Mai, 1 , 6 & 7 Juin 1791. Mais quelques observations sur les principaux articles de ce funeste décret en rendront encore plus sensible toute l'injustice.

» L'assemblée nationale, après avoir entendu le rapport de » son Comité de Féodalité, considérant que la Tenure connue » dans les Départemens du Morbihan, du Finistère & des Côtes » du Nord, sous les noms de Convenans & Domaines congéa- » bles, participe de la nature des fiefs, & qu'il est instant de » faire jouir les Domaines des avantages de l'abolition du » Régime féodal, décréte qu'il y a *Urgence* «.

Nous avons démontré ci-dessus que la Tenure à Domaine congéable n'étoit qu'une espèce particulière de ferme, & ne pouvoit participer de la nature des fiefs, puisque les fiefs n'ont été établis qu'environ 400 ans après son origine.

Mais pourquoi donc *l'Urgence* dans une matière qui certainement n'intéressoit pas le salut de la Patrie ?

C'est ici le lieu d'en faire connoître les motifs , & une partie des manœuvres employées par les intrigans.

Dès les commencemens de 1789 , lorsqu'il fut question de nommer des Députés aux Etats-Généraux, quelques ambitieux, qui cherchoient à se procurer les suffrages des cultivateurs qui fesoient la grande majorité parmi les Electeurs , imagi- nèrent de leur faire naître l'idée de demander la suppression des Domaines congéables. [Cette idée étoit bien singulière après 13 ou 1400 ans sans réclamations.] Parmi ces ambitieux se distingua particulièrement un Magistrat d'une Sénéchaussée du Morbihan ; il avoit six mille livres de rentes en droits réparatoires, & c'étoit un coup de fortune , s'il pouvoit y réunir le fonds. Il parcourut les campagnes pour engager les cultivateurs à former cette inique demande , offrant de l'appuyer aux Etats - Généraux , s'il y étoit Député , & parvint ainfi à fe faire nommer. Un grand nombre de Domaniers honnêtes s'indignèrent néanmoins de ces propofitions : nous n'avons , difoient-ils , acquis que les édifices & fuperfices de nos tenues , nous n'avons aucun droit aux fonds , ni aux bois , pour lefquels nous n'avons rien débourfé , & il feroit de toute injuftice de dépouiller nos propriétaires fonciers. Mais comme la plupart des hommes confultent plus leur intérêt que la juftice , la plupart des cahiers contenoient des demandes relatives aux Domaines congéables ; aucun cependant n'alloit auffi loin que le décret du mois d'Août 1792 , pas un ne demandoit la propriété du fonds ni des bois qu'on leur a fi généreufement accordée. Cependant lors du décret du 4 Août 1789 , qui déclara rachetables les rentes cenfives & féodales , ce Député fubtil fit gliffer à la rédaction *&* *Domaniales.* La fraude fut apperçue , & penfa lui occafionner une affaire férieufe ; il en fut cependant quitte en difant qu'il s'étoit trompé , qu'il avoit cru que c'étoit l'intention de l'Affemblée.

Ce ne fut qu'en 1791 , qu'on s'occupa des Domaines congéables ; on connoiffoit dans les pays d'ufemens toutes les intrigues des ambitieux , & notament de ce Député , qui ne craignit pas de dire à l'Affemblée que les Domaniers fe révolteroient , fi on ne leur donnoit la propriété de leurs Domaines , ce qui affurément étoit de toute fauffeté ; qui après avoir coloré de zèle du bien public , celui qui l'animoit en faveur des Domaniers , eût l'impudence de dire à la Tribune qu'il parloit contre fon intérêt , puifqu'il avoit fix mille livres de rente en Domaines congéables ; malheureufement pour fon amour propre, un de fes collègues qui le connoiffoit, le releva, démafqua l'impofture & fit connoître à l'Affemblée que ces 6000 livres de rente étoient en Domaines paffifs, c'eft-à-dire en droits réparatoires auxquels il paroiffoit vouloir réunir le fonds à peu de frais; il en fut encore pour fa courte honte.

Quoi qu'il en foit, les propriétaires prirent l'alarme, & comme ils n'ignoroient pas qu'il étoit d'autant plus aifé de furprendre l'Affemblée conftituante, que la Tenure convenancière étoit tout à fait étrangère à la plupart des Députés, ils firent parvenir de tous côtés des adreffes & mémoires, dans lefquels en faifant connoître ce que c'étoit que le Domaine congéable, & fes avantages pour tout le monde, il leur fut aifé de prouver qu'on cherchoit à tromper nos Repréfentans, & que bien loin de fupprimer les Domaines congéables, il eut été avantageux que cette Tenure fe fut propagée dans toute la France.

L'affemblée nationale trouva la matière affez importante pour ne pas fe décider légèrement; après quelques difcuffions, les trois Départemens de Domaines congéables furent confultés. Enfin en très-grande connoiffance de caufe, & après avoir entendu fes Comités de féodalité, Conftitution, des Domaines, de Commerce & d'Agriculture, elle rendit le décret des 30 Mai, 1, 6 & 7 Juin 1791, qui en aboliffant les ufemens, en ce qu'ils peuvent avoir d'onéreux, maintient la Tenure convenancière ou à Domaine congéable. Ce décret eft très-fage, tous les articles font fondés fur la Liberté facrée & inviolable des Citoyens dans leurs conventions; c'eft pour ainfi dire un dévelopement de l'article 16 de la Déclaration des droits de l'Homme & du Citoyen

Il donnoit cependant de grands avantages aux Domaniers , mais tout le monde fut content.

Il n'y eût que ce même Député qui n'y trouva pas son objet principal ; il ne se tint pas pour battu , il demeura intriguer à Paris tout le temps de l'Affemblée législative. Dans un moment où la Patrie parut en danger , il écrivoit en son pays : il faut accorder tout *aux payfans* , [ce font fes termes ,] nous n'avons plus de reffource qu'en eux.

Il étoit cependant difficile de faire réformer une Loi auffi mûrement , & auffi folemnellement délibérée que celle du mois de Juin 1791 ; s'il s'ouvroit une difcuffion , les propriétaires en auroient eû connoiffance , & comme en 1791 , ils auroient par des mémoires éclairé l'Affemblée Légiflative. Il falloit donc agir clandeftinement pour ainfi dire , & tandis que les propriétaires fe repofoient tranquillement fur la foi d'une Loi rendue en quelque façon contradiçtoirement entre tous les intéreffés , un rapporteur induit en erreur furprend un décret d'urgence , fous prétexte de féodalité.

Qui croira cependant que , fi la Tenure convenancière avoit participé en quoi que ce foit de la féodalité , les quatre Comités réunis de féodalité, Conftitution, Domaines , de Commerce & d'Agriculture ne s'en feroient pas apperçûs ?

Nous demanderons encore laquelle eft la meilleure , & mérite le plus l'affentiment général de deux Loix rendues fur le même objet , d'ont l'une a été folemnellement difcutée , & mûrement délibérée par des Légiflateurs qui en ont pris une connoiffance fcrupuleufe , & dont l'autre a été furprife à des Légiflateurs qui y font tout à fait étrangers , & qui n'ont rien approfondi ?

ARTICLE I.

» La Tenure convenancière ou à Domaine congéable est
» abolie ; les coutumes locales qui régissent cette Tenure sous
» le nom d'usemens sont abrogées ; en conséquence les ci-
» devant Domaniers sont & demeurent propriétaires incom-
» mutables du fonds, comme des édifices & superfices de
» leurs tenues «.

Quelle générosité ! Les Domaniers n'avoient jamais été propriétaires incommutables de leur édifices & superfices, puis-
qu'on avoit le droit de les rembourser à l'échéance de leurs
baux ; n'ayant jamais rien déboursé pour le fonds, ils n'y
avoient pas plus de droit que les simples fermiers sur le
fonds de leurs métairies ; c'est donc une véritable confisca-
tion de la part de l'Assemblée législative, pour faire un don
aux Domaniers ; mais de quel droit ?

Avoit - elle plus le pouvoir de déclarer ces Domaniers
propriétaires incommutables du fonds de leurs tenues, dont
ils n'ont jamais acquis la moindre portion, & de leurs droits
réparatoires qu'ils n'ont acquis qu'à réméré ou rachat perpétuel, qu'elle n'en auroit eû de nous déclarer propriétaires
incommutables de leurs droits réparatoires, comme nous i'é-
tions véritablement du fonds ?

L'article 19 de la Déclaration des droits de l'Homme &
du Citoyen porte que » nul ne peut être privé de la
» moindre portion de sa propriété sans son consentement,
» si ce n'est lorsque la nécessité publique légalement consta-
» tée l'exige, & sans la condition d'une juste & préalable
» indemnité «.

Où étoit donc la nécessité publique qui exigeoit qu'on nous prive de nos propriétés , pour en gratifier d'autres individus comme nous ? En revenoit-il quelque profit à la chose publique ? Nous avons fait voir qu'au contraire ce funeste décret lui fait perdre plus de cent millions.

Mais suppofons pour un moment qu'il y eut nécessité publique , quel moyen légal a-t-on pris pour la constater ? Est-ce en décrètant *l'Urgence* , pour dérober aux propriétaires qu'on tramoit leur ruine ?

Un Citoyen libre que l'on veut priver de la moindre portion de sa propriété , fous prétexte d'une nécessité publique , a incontestablement le droit de prouver que cette nécessité n'existe pas , sans quoi il n'est pas vrai qu'il soit libre ; que fera-ce donc si on veut le dépouiller en faveur d'un autre Citoyen comme lui ? Cette loi est donc , nous ofons le dire , une violation évidente de l'article 19 de la Déclaration des droits de l'Homme & du Citoyen, & nous en demandons justice.

Ce même article 19 exige aussi la condition d'une juste & préalable indemnité ; nous ferons voir fur les articles fuivants , combien il s'en faut que les propriétaires foient fuffifament indemnifés.

A R T I C L E   I I.

» Il ne fera fait à l'avenir aucune conceffion à pareil
» titre ; celles qui feroient faites ne vaudront que comme
» fimples arrentemens. L'entière propriété des terres ainsi
» concédées, appartiendra aux conceffionaires , avec la faculté
» perpétuelle de racheter les rentes.

Comment concilier cet article avec l'article 4 de Déclaration des droits de l'Homme qui porte que » la Loi ne » peut ordonner que ce qui est juste & utile à la société, & » ne peut défendre que ce qui lui est nuisible ? «.

Nous avons démontré ci-devant, que la Tenure convenancière, loin d'être nuisible à la société, lui étoit au contraire très-utile & très-avantageuse.

Cet article 2 annéantit aussi l'article 16 des droits de l'Homme qui porte que » le droit de propriété est celui » qui appartient à tout Citoyen de jouir & disposer à son » gré de ses biens, de ses revenus, des fruits de son travail » & de son industrie «.

ARTICLE III.

» Dans les concessions précédemment faites, les droits de » congément, baillées, commissions & nouveautés, & le » droit de lods & ventes qui ne seroient point expressément » stipulés dans le titre primitif de concession, sont abolis » sans indemnité «.

L'usement de Rohan étoit le seul où la vente volontaire des édifices & superfices donnât lieu aux lods & ventes, & cet usement étoit aboli par le décret du mois de Juin 1791 ; ce droit au reste n'étoit pas féodal, puisque tout propriétaire foncier, quoique sans fief ni principe de fief, en jouissoit.

A l'egard des droits de congément, baillées, commissions & nouveautés, ils fesoient partie, & souvent la plus considérable, du revenu des propriétaires, puisque, comme on l'a dit, le prix de la ferme du fonds étoit toujours modique à cause de ces droits, & aux termes des droits de l'Homme, aucune puissance n'avoit le droit de les en dépouiller.

A r t. V.

ARTICLE V.

» Tous les arbres fruitiers, tels que pommiers, châtai-
» gniers, noyers & autres de même nature, soit qu'ils exis-
» tent en rabines, avenues ou bosquets, les bois appelés
» courants ou puinais, les taillis même, les bois de futaie
» de toute espèce étant sur les fossés ou dans les clôtures des
» terres mises en valeur, sont déclarés appartenir en toute
» propriété aux ci-devant Domaniers.

Les Domaniers ont acquis & payé les arbres fruitiers, &
le droit d'en planter à leur profit, dans leurs clôtures, les
bois courants & puinais, ainsi que les émondés des bois de
futaie sur leurs fossés & en dedans d'iceux ; mais les châtaigniers & noyers n'ont jamais été rangés dans la classe
des fruitiers ; ce font des bois de futaie, & propres à merrain,
compris dans la reserve des propriétaires, comme bois
fonciers, & pour lesquels, on le répète, les Domaniers n'ont
jamais rien déboursé. On appelle arbres fruitiers, ceux dont
le fruit n'est pas la graine même, comme pommiers, poiriers,
coignassiers, pruniers, cerisiers, pêchers, abricotiers, dont on
mange la chair, & on sème les pepins, les noyaux ; & l'on
nomme arbres de futaie, & propres à merrain, ceux dont le fruit
est la graine même, comme les chênes, hêtres, châtaigniers,
noyers, pins, sapins, ifs, peupliers, &c. dont on ne peut
manger que la graine ; c'est ce qu'on a toujours appellé bois
fonciers, dont les Domaniers n'avoient que les émondes,
lorsqu'il s'en trouvoit sur leurs fossés & en dedans d'iceux,
sans pouvoir les couper par pieds ; & lorsque ces arbres se
trouvoient hors des clôtures, soit en avenues, soit en bosquets

ou iſolés, ils appartenoient entièrement aux propriétaires, & il n'y a qu'un abus d'autorité le plus condamnable qui ait pu les en dépouiller, pour en gratifier leurs fermiers.

ARTICLES VI ET VII.

Ces articles portent qu'à « la réquiſition de l'une des parties,
» les bois de futaie, tels que chênes, ormeaux, hêtres,
» ſapins & autres de même nature, qui ſe trouveront ſoit
» en ſemis, ou exiſtans en rabines, avenues ou boſquets,
» hors des clôtures des terres en valeur, feront eſtimés par
» experts, ſur le pied de leur valeur, à l'époque de leur
» eſtimation, & les Domaniers ne feront pas obligés de
» paye de ſuite, ils payeront ſeulement l'intérêt du prix de
» l'eſtimation au denier-vingt, ſur lequel encore ils retiendront
» l'impôt foncier, juſqu'au rembourſement qu'ils ne feront
» que lorſque bon leur ſemblera ».

Quelle injuſtice! Quoi, on nous force à vendre, à un prix arbitraire & à crédit, une propriété qui nous a peut-être coûté le double, & que nous avons payée comptant! Et c'eſt ſous le règne de la liberté, de l'égalité!

Sur tout ce qui concerne les bois dans ce décret, nous obſerverons que depuis long-temps on ſe plaignoit de la diſette des bois, tant de conſtruction que de chauffage; la grande conſommation que les circonſtances actuelles occaſionnent, en opèrent à peu-près la deſtruction; mais nous oſons aſſurer que, par ce décret, l'aſſemblée légiſlative en tarit la ſource. Nos cultivateurs veulent jouir; ils planteront bien des bois courants qu'ils eſpèrent couper eux-mêmes, mais ils ne planteront pas pour leur poſtérité; les plantations coûtent beaucoup, & jamais ils ne ſe livreront à cette dépenſe.

Ceci eſt d'expérience ; nous en connoiſſons pluſieurs qui ont depuis long-temps des terres en fonds, & pas un ne plante ; auſſi paſſoit-il en proverbe, que le payſan eſt ennemi du bois.

Quel funèſte avenir pour un pays où il y a tant de ports de mer !

ARTICLE XI.

» Il ſera libre aux ci-devant Domaniers de racheter leur
» redevance convenancière ; & ſoit avant ſoit après ce rachat,
» ils pourront racheter auſſi les rentes ſuzeraines ou chef-rentes
» dues ſur leur Tenues.

Et ſuivant l'article XV ces rembourſemens ſe feront au denier-vigt pour les rentes en argent, & au denier-vingt-cinq pour les rentes en grains & denrées.

Y a-t-on bien refléchi quand on a porté une pareille loi ? n'en a-t-on point apperçu l'iniquité ?

Que diroit-on d'une loi qui autoriſeroit les locataires des maiſons dans les villes, à rembourſer aux propriétaires de ces maiſons, le capital de leur loyer au denier-vingt ? On crieroit ſans doute, à l'oppreſſion, à la tyrannie. Eh bien ! cette loi ſeroit beaucoup moins inique que celle dont nous nous plaignons. En effet les propriétaires de maiſons ainſi rembourſés, en plaçant leur argent à conſtitut, en retireroient le même intérêt ; & comme ils auroient la faculté de ſtipuler la non-retenue d'aucune impoſition, ils gagneroient l'impôt foncier, ils gagneroient en outre les réparations, & ne craindroient plus les incendies ; au lieu que les malheureux propriétaires fonciers perdent preſque tout, en voici la preuve.

Un père de famille, des fruits de ſon travail & de ſon induſtrie, a acquis neuf grandes Tenues qui ne lui payent chacune que 30 livres par an en argent, mais comme le terrain en eft confidérable, chacune d'elles renouvelle fa baillée tous les 9 ans, & lui paye 1,200 livres de commiffion; l'échéance de chaque baillée eft telle que tous les ans il en perçoit une. Voilà bien un revenu de 1,470 livres, qui au denier-trente, comme fe vendoient courament les biens de cette efpèce, & fouvent au délà, fait un capital de 44,100 livres; il y en a en outre fur les foffés & clôtures de chacune de ces Tenues, pour 3000 livres de bois fonciers qu'il a payés, cela fait un total de 71,100 livres; les lods & ventes, frais de contrats & appropriment lui ont coûté près de 9000 livres; voilà donc une acquifition de 80,000 livres.

Eh bien! par cette loi du mois d'août 1792, on va le rembourfer de la totalité avec 5,400 livres.

Vous fremiffez, nous le voyons, citoyens Repréfentans, à la vue d'un pareil tableau! Telle eft cependant notre pofition, telle eft celle de tous les propriétaires fonciers, un peu plus, ou un peu moins; croira-t-on que ce font des républicains, des hommes libres, des patriotes qui font ainfi traités? Si encore ce dépouillement avoit été au profit de la république! Ils ont fait voir qu'aucun genre de facrifice ne leur coûtoit; mais on s'empare de leur bien, pour en gratifier des individus qui ont été abfolument nuls dans la révolution, & à qui feuls néanmoins elle a profité jufqu'à-préfent! Les fuppreffions des fouages, des dixmes, de la fuite de Moulins, des corvées de grands chemins, & à préfent des rentes fuzeraines ou chef-rentes fans indemnité, font à leur feul profit. Ces cinq objets feuls, pour une Tenue de 6000 livres, valent au moins 200 livres par an. Nous me parlons pas du prix des denrées qu'eux feuls nous fournissent, dont ils ont quadruplé le prix, & même fextuplé pour bien des objets.

Ne croyez-pas, citoyens Repréfentans, qu'il n'y eût que des ci-devant feigneurs, des ci-devant nobles, même des gens riches, qui euffent des Domaines congéables; vous pourriez le penfer d'après l'affectation avec laquelle on n'a qualifié les propriétaires que de *ci-devant feigneurs*, dans cette loi du mois d'août 1792, en fupprimant le mot *fonciers*. Nous avons donné plus haut le véritable fens de l'expreffion *feigneurs fonciers*; l'affemblée conftituante avoit bien apprecié cette dénomination, car dans fon décret du mois de juin 1791, elle ne les qualifie que de propriétaires fonciers.

Les dix-neuf vingtièmes des propriétés rurales font, comme nous l'avons déjà dit, en Domaines congéables, & les trois quarts au moins appartiennent à ce qu'on appeloit ci-devant des roturiers, à de petits propriétaires, à cette claffe qui a tout facrifié pour la révolution, en un mot à de véritables patriotes; après avoir perdu des états qui aidoient à leur fubfiftance & celle de leurs familles, il leur reftoit un modique revenu prefque tout en Domaines congéables, le voilà anéanti, qu'elle peut-être leur reffource ?

ARTICLE XVIII.

» Il ne pourra être prétendu, fous prétexte de partage
» confommé, ni par les perfonnes qui ont ci-devant acquis
» des particuliers, par vente, ou autre titre équipolent
» à la vente, des droits abolis ou fupprimés par le préfent
» décret, aucune indemnité ni reftitution de prix.

Deux frères ont partagé au mois de juillet 1792, une

fucceffion 1000 écus de rente, moitié en métairie, & moitié en Domaines congéables; l'un a dans fa lotie toutes les métairies, l'autre tous les Domaines; le décret fe rend au mois d'août, le premier a de quoi vivre, le fecond eft à la mendicité.

Un propriétaire, averti peut-être du décret qu'on alloit rendre, vend fes Domaines congéables au mois de juillet 1792, ou les échange pour des métairies, & voilà un acquéreur ruiné.

Nous laiffons a réfléchir fur l'injuftice de cet article, qu'on a cependant bien reconnue puifque, par l'artticle XIX qui eft le dernier, on permet aux adjudicataires de Domaines congéables nationaux de renoncer à leur adjudication, & de fe faire reftituer le prix qu'ils en auront payé.

Nous finirons par une obfervation importante. Si les bois fonciers, & le fonds de nos Domaines ne nous appartenoient pas, comment pourroient-ils appartenir aux Domaniers actuels, qui pour la plûpart ne poffèdent leurs droits réparatoires, que par des congémens qu'ils ont exercés, en vertu de baillées que nous leur avons accordées depuis peu d'années, dans lefquels congémens ni le fonds ni les bois n'ont entré en eftimation? Neft-il pas évident que ceux fur qui ils ont exercé ces congémens, y auroient plus de droits qu'eux, & ainfi en remontant jufqu'aux premiers conceffionnaires qui les excluroient tous?

Mais fi le fonds, fi les bois nous appartenoient, comme nous l'avons démontré, ce décret eft une véritable confifcation, une violation de propriété que le defpote le plus abfolu n'auroit ofé fe permettre, contre lefquelles nous ne cefferont de réclamer.

Nous ofons nous flatter d'avoir rempli notre tâche ; nous avons fait voir que la Tenure convenancière n'étoit qu'une efpèce particulière de ferme ; que fon origine n'étoit infectée d'aucun vice de contrainte ni de fervitude ; qu'elle étoit fondée fur la liberté facrée & inviolable des conventions ; & qu'on avoit trompé l'affemblée légiflative quand on lui a dit que cette Tenure participoit de la nature des fiefs. Nous avons auffi démontré qu'elle étoit très-avantageufe aux Domaniers, & plus favorable à l'agriculture que les fimples fermes ; que fa fuppreffion étoit très-préjudiciable aux finances de la république, & lui feroit perdre plus de 100 millions ; qu'elle nuiroit néceffairement au commerce & à la circulation des grains ; & que les habitans de nos campagnes la regretteront ; enfin que ce déret des 23 & 27 août 1792, eft une violation de propriété, & une contravention formelle aux articles IV XVI & XIX des Droits de l'homme & du citoyen.

Il ne nous refte, citoyens répréfentans, qu'à réclamer votre juftice, elle eft à l'ordre du jour & nous nous flattons de l'obtenir ; vous ne fouffrirez pas que, tandis que toute la france applaudit à vos glorieux travaux, bénit l'heureufe-révolution qui l'a erndue à la liberté, & lui prépare les plus heureufes deftinées, vous ne fouffrirez pas que nous malheureux petits propriétaires reftions feuls dans l'oppreffion, pour unique fruit de notre zèle & de notre patriotifme.

Vous vous ferez rendre compte de la loi du 30 mai, 1, 6 & 7 juin 1791 ; de celle des 23 & 27 août 1792 ; vous les comparerez, vous reconnoîtrez la fageffe, l'équité, & les avantages de la première, dont vous ordonnerez l'exécution ; & vous rapporterez celle du mois d'août 1792, dont l'immor**t**alité & l'injustice sont évidentes. C'est à quoi nous concluons avec confiance.

Signé, Fabre. Vinoc. Le Bouteiller. Le Bastard. Pananceau. Terrien. J. L. N. Capitaine. F. J. Le Dean. Deredec. Valentin. J. J. Le Breton. A. Kernafflen. L. M. Bonet. Laridon. Le Siner. Lebescond. Crechquerault. Le Corvaisier. Debon. E. Berard, *notable*. Huraut. Leguillou. Kerourein Huchet. René Bolloré. Peton. Eloury, aîné. J. Eloury. Hernio, oncle. Duppont. Vacherot. J. A. Bonnemaison, *notable*. Frollo Colomb. Compagnon. Rannou. J. B. Cajan. Pennec. Girard. Frollo. Elly. Billette Querouel. Cochois. Toüzé. Garin. Bonnaire. J. M. Cavellier. Watremez. Armenou. Cavellier, le jeune. Mermet, *notable*. Billiart. N. Le Gendre, *notable*. Becam. J. Barbe. Carichon. Girbon. Guichoux, veuve Boucher. Brindejonc, *Receveur de l'Enregistrement*. Veuve Sevene. F. Marquer. Doucin. Delécluse, fils. Lafourcade. J. M. Le Gendre, aîné. Rabot. L. M. Tahon. Daniel. Berard, aîné. Piriou, *Ex-avoué*. Richecœur. J. C. Fleuriot. Guesdon La Potterie. N. Gaillard. J. J. P. Daniel. Le Guillou. Bourbria. Coriou. Huard. Veilhers. Le Corre. Paris. Renoüar. Golias. Téurtrois, cadet. Audouyn. Keriner. M. J. Janjacquer, femme Féré. Le Gendre, veuve Cossoul. Dufeigna. Lesné. Guesdon Kermoizan. Toulgoet. Cloüet. Girard, fils. Duval La Potterie. Ledall-Keron. Roussin. Y. J. L. Derrien.

A Quimper, de l'imprimerie d'Y. J. L. DERRIEN.